Nahrung für die Seele

Rabindranath Tagore

Das Herz Gottes

Photograph by LLAMAS, BOSTON

Nahrung für die Seele

Rabindranath Tagore

Das Herz Gottes

Gebete

Mit einem Vorwort von Albert Schweitzer
und einer Einleitung von Herbert F. Vetter

Aus dem Englischen von Richard Reschika

Verlag Hermann Bauer
Freiburg im Breisgau

Die Deutsche Bibliothek – CIP-Einheitsaufnahme

Tagore, Rabindranath:
Das Herz Gottes : Gebete / Rabindranath Tagore.
Aus dem Engl. von Richard Reschika. –
1. Aufl. – Freiburg im Breisgau : Bauer, 1999
(Nahrung für die Seele)
ISBN 3-7626-0724-9

Herausgegeben von Richard Reschika

Die amerikanische Originalausgabe erschien 1997 unter dem Titel
The heart of God. Prayers of Rabindranath Tagore
First published in 1997 by Tuttle Publishing,
an Imprint of Periplus Editions (HK) Ltd.
With editorial offices at 153 Milk Street, Boston, MA 02109

1. Auflage 1999
ISBN -3-7626-0724-9

Einband: Ralph Höllrigl, Freiburg i. Br.
Satz: Fotosetzerei Scheydecker, Freiburg i. Br.
Druck und Bindung: Freiburger Graphische Betriebe, Freiburg i. Br.
Printed in Germany

Inhalt

Vorwort

In Rabindranath Tagore kommt das moderne indische Denken in vortrefflicher Art und Weise zu sich selbst. 1861 geboren, ist er zugleich Denker, Dichter und Musiker. Er selbst hat seine wichtigen Werke ins Englische übersetzt. Europa hat ihm seine Aufmerksamkeit zuteil werden lassen, als er 1913 den Nobelpreis für Literatur erhielt. Viele Jahre lang lebte er in Santiniketan, in Bengalen, wo er eine Schule und ein Kolleg für moderne Erziehung errichtete.

Mit Tagore triumphierte sowohl die ethische Weltsicht als auch die Lebensbejahung. Sie bestimmt seine Philosophie und duldet weder Welt- noch Lebensverneinung. Dies alles ist das Ergebnis einer großen Tat; ein jahrhundertealter Entwicklungsprozeß, der in ihm seinen natürlichen Abschluß findet. Er fordert uns auf, unsere Seele Gott anzuvertrauen und ihm aktiv in der Welt zu dienen.

Lebens- und Schaffensfreude sind, Tagore zufolge, Bestandteile unserer menschlichen Natur. Wie andere vor ihm, bemühte auch er sich, durch Welterkenntnis eine wirklich ethische Weltanschauung zu begründen; doch der »indische Goethe« verleiht seinen eigenen Erfahrungen in einer viel tieferen, kraftvolleren und bezaubernderen Weise Ausdruck, als es jemals vor ihm geschah. Dieser vollkommen edle und auf Harmonie bedachte Denker gehört nicht nur seinem eigenen Volk, sondern der ganzen Menschheit.

Albert Schweitzer

EINLEITUNG

All das schwarze Böse in der Welt ist über seine Ufer getreten,
gleichwohl, geht an eure Pätze, Ruderer, mit dem Segen der Sorge!
Wen wollt ihr tadeln, Brüder? Beugt eure Häupter!
Sünder seid ihr und sind wir gewesen.
Seit alters her wächst der Zorn im Herzen Gottes –
die Feigheit der Schwachen, die Überheblichkeit der Starken,
die Gier fetten Wohlstands, der Groll üblen Rassendünkels
und die Beleidigung der Menschen –
sie haben Gottes Frieden gebrochen und wüten sturmgleich.

Diese Zeilen habe ich zuerst während des Zweiten Weltkriegs gelesen – und sie seitdem nie wieder vergessen. Nach dem Krieg, als ich mehr von Tagores Werk suchte, stieß ich zunächst auf seine kraftvollen Gebete. Mit was für einer mir bekannten Literatur hätte ich sie vergleichen können? Ich bemerkte eine Verwandtschaft mit der Majestät und Tiefe der hebräischen Psalmen, doch glücklicherweise vermieden sie das wiederkehrende Motiv der Rachsucht. Ich spürte Tagores leidenschaftliche, zutiefst persönliche Ich-Du-Erfahrung, vergleichbar mit jener in den Bekenntnissen des Heiligen Augustinus, obwohl er kein Freund von Augustinus' heftiger Lebens- und Weltverneinung war. Die Gebete des modernen indischen Dichters feiern das Leben trotz seiner übergroßen Tragik, und sie bejahen unsere Welt der sich stets wandelnden Harmonien der Farben und Klänge.

Als ich Amiya Chakravarty traf, einen indisch-amerikanischen Schüler und ehemaligen Sekretär Tagores, ermutigte er mich bei meinen Nachforschungen bezüglich dieses ungewöhnlich lebendigen Vermächtnisses von Gebeten. Natürlich war ich nicht der einzige Bewunderer von Tagores Beitrag zu dieser Gattung. Und in der Tat waren es genau die Gebete dieses kleinen Buches, die Rabindranath Tagore 1913 zum ersten asiatischen Nobelpreisträger für Literatur machten. Das Nobelpreiskomitee berücksichtigte und überging zugleich Tolstoi, Ibsen, Strindberg, Yeats und Shaw. Tagore bekam diese Auszeichnung für die außergewöhnliche Kraft seiner schlichten Alltagsgebete. In seiner Einleitung zu Rabindranath Tagores ersten englischen Schriften, *Gitanjali* (Song Offerings), erzählt uns W. B. Yeats, daß er bei seinen Zug- und Busreisen das mitgenommene Manuskript des öfteren beiseite legen mußte, da einige Mitfahrende bemerkten, wie stark es ihn bewegte.

Tagores poetische Gebete sind in ihrer bewegenden Kraft nicht losgelöst von den Tragödien des Lebens. Seine Mutter starb, als er dreizehn Jahre alt war. Er verlor seine Frau, als diese erst dreißig war. Bald darauf mußte er den Tod einer Tochter, den seines Vaters und seines jüngsten Sohnes hinnehmen. Und noch vor dieser verheerenden Reihe von Ereignissen starb seine geliebte Schwägerin, Kadambari, die sich selbst das Leben genommen hatte. Jahre später durchlebte Rabindranath selbst eine Phase derart starker Depression und Verzweiflung, daß auch er daran dachte, sich umzubringen. Nichtsdestoweniger stieg Rabindranath, wie der sagenhafte Vogel Phoenix aus der Asche, zu einer weltberühmten, mächtigen Persönlichkeit auf.

Betrachten wir das erstaunliche Werk dieses Dichters, der im Hause einer hochgebildeten Familie aus Kalkutta am 7. Mai 1861 geboren wurde. Er war ein Erzieher, der die Schule als Kind so sehr haßte, daß er es ablehnte, sie weiterhin zu besuchen. Doch später errichte er selbst auf dem Grundstück seiner Familie eine freie Schule für Kinder, 100 Meilen von Kalkutta entfernt und nach seinem Vater benannt – der Wohnsitz des

Friedens. Dort, in Santiniketan, gründete er daraufhin auch eine internationale Universität, Visva-Bharati, mit dem Ziel einer ständigen Begegnung zwischen Ost und West und einer kreativen Synthese der Künste und Wissenschaften, einer Erneuerung der Zivilisation. Als sei dies nicht schon genug gewesen, trug Tagore – neben seiner lebenslangen Anstrengung, sein leidendes Land von der britischen Fremdherrschaft zu befreien – auch zur Errichtung von Erziehungszentren für Indiens hohen Anteil an Ungebildeten bei, die arm und krank in Dörfern quer über das Land verstreut lebten. Der Dichter glaubte fest daran, daß Indien, der Geburtsort zweier Weltreligionen, Hinduismus und Buddhismus, die Herausforderungen der westlichen unterdrückerischen Zivilisation annehmen müßte. Er setzte die hinduistische, als Brahmo Samaj bekannte Reformbewegung, die sein Vater und Großvater anführte, weiter fort und war einer der wichtigsten Vertreter der indischen Erneuerung. Er bejahte nicht nur seine Wurzeln in den alten Veden, er war auch davon überzeugt, daß Buddha der größte Mensch gewesen sei, der je gelebt hat; er pries die christlichen Tugenden der Bergpredigt, und er übersetzte die Gedichte Kabirs, des kühnen islamischen Mystikers.

Dieser Vertreter einer neuen Renaissance Indiens und der Weltzivilisation lebte erstaunlicherweise auch dem entsprechend. Er war Dichter und Erzieher, Dramatiker und Schauspieler, Komponist und Sänger; ebenso wirkte er als Maler und Essayist, Romancier und Verfasser von Kurzgeschichten. Zur selben Zeit war er ein Sozialreformer, der ein Zentrum für den ländlichen Wiederaufbau ins Leben rief, und ein Weltreisender, der zu Städtern vieler Nationen in Ost und West sprach: in China, Japan, Rußland, USA, Frankreich, England, Holland, Schweiz, Deutschland, Österreich, Italien, Tschechoslowakei, Norwegen, Schweden, Dänemark, Bulgarien, Persien, Ägypten und Griechenland. Und er war ein verehrter Besucher Südostasiens, der Freude daran fand, die stete

Wirkung des alten Indiens bei diesen Nachbarn zu beobachten.

Kurze Zeit vor Tagores Tod, 1941 in Kalkutta, im Alter von achtzig Jahren, zitierte der Oberste Gerichtshof Indiens diesen Rebellen, der zusammen mit Mahatma Gandhi eine Ehrendoktorwürde der Oxford University erhalten hatte, zu sich. Bei der Vorladung bemerkte man, daß der hochgebildete Dr. Tagore sich nicht vom Staub und Zorn der Welt fernhielt; er hatte keine Angst, selbst den britischen Radscha und die Autorität der Richter herauszufordern. Tagore akzeptierte verständnisvoll diese Auszeichnung seines Lebenswerkes als »ein glückliches Vorzeichen eines kommenden Zeitalters«.

Ich bin der Überzeugung, daß die Menschheit diesen Schatz an Gebeten, aus dem die Kraft des ewig Heiligen spricht, zunehmend verehren wird. Zu diesem Zweck habe ich diesen bewußt schmalen Band zeitloser Literatur dem alltäglichen Gebrauch angepaßt. Zu jeder Auswahl wurden Überschriften hinzugefügt. Wenn es gelegentlich nötig war, den Text zu vereinfachen, habe ich dieses im Geiste Tagores getan. Ich habe auch die Gebete in einer zeitgenössischen Sprache herausgegeben und alte Wendungen vermieden.

Die Quellen, aus denen diese Auswahl stammt, sind: *Gitanjali* (1912), *The Gardener* (1913), *Sadhana* (1913), *Fruit-Gathering* (1916), *Stray Birds* (1916), *Crossing* (1918) und *The Fugitive and Other Poems* (1921). Meine eigene Arbeit wurde durch eine hervorragende Publikation unterstützt und erleichtert: *The English Writings of Rabindranath Tagore*, herausgegeben von Sisir Kumar Das: Band 1, *Gedichte* (1994), sowie Band 2, *Plays, Stories, Essays* (1996). Für Interessierte gibt es eine wichtige, aber entmystifizierende Biographie aus dem Jahr 1995 mit dem Titel *Rabindranath Tagore: The Myriad-Minded Man* von Krishna Dutta und Andrew Robinson.

Ich möchte meinen geschätzten Kollegen danken, die mir zu Tagores Gebeten als Teil eines größeren Projektes rieten: Dr. Arthur Foote von S. W. Harbor, Maine; Professor John F. Hayward von der Southern Illinois University; Reverend Kenneth Read-Brown von First Parish (Old Ship Church) in Hingham, Massachusetts, und Reverend Bruce Southworth von der Community Church New York. Zu den geschätzten Mitarbeitern, die mir bei der Publikation halfen, gehören auch Jeanette Hopkins, Gobin und Julia Stair, Marie Cantlon und die Tuttle-Publishing-Belegschaft von Michael Kerber.

Zum Schluß möge der Geist von Rabindranath Tagores Gebeten *Das Herz Gottes* durch einen einzigen Satz Sarvepalli Radhakrishnans, des berühmten Philosophen, Staatsmannes und Präsidenten Indiens, beschworen werden:

Rabindranath Tagore war einer der wenigen Vertreter einer universellen Persönlichkeit, dem die Zukunft der Welt gehört.

Cambridge, Massachusetts *Herbert F. Vetter*
23. April 1997

Gebete

Nimm mich an

Nimm mich an, lieber Gott,
nimm mich für diesen Augenblick an.

Laß jene verwaisten Tage,
die ohne Dich verstrichen sind,
vergessen sein.

Dehne diesen kurzen Augenblick weit aus,
in Deinen Schoß,
halte ihn unter Dein Licht.

Umhergewandert bin ich,
verfolgt von Stimmen,
die nirgendwo mich hinführten.

Nun laß mich in Frieden ruhen
und Deinen Worten in der Stille
meiner Seele lauschen.

Wende Dein Antlitz nicht ab
von den dunklen Geheimnissen meines Herzens,
bis sie erleuchtet sind von Deinem Feuer.

Eine Frage an Gott

Äonen um Äonen hast Du, oh Gott,
in diese gnadenlose Welt Deine Boten gesandt,
die uns ihre Worte schenkten: »Vergebt allen.
Liebt alle. Reinigt eure Herzen
von den blutroten Flecken des Hasses.«

Bewundernswert sind sie, für immer zu befolgen;
doch heute – an diesem argen Tag –
habe ich sie vor meiner Tür
mit einem nichtssagenden Gruß vertrieben.

Habe ich nicht gesehen,
wie Hilflose von böswilligen Mächten
scheinheilig vernichtet wurden?

Habe ich nicht die leise Stimme der Gerechtigkeit
einsam weinen hören
angesichts zügelloser Gewalt?

Habe ich nicht gesehen,
wie schmerzvoll das Leben

unbekümmerter Jugend bis zum Wahnsinn
gegen fühllose Felsen prallt?

Erstickt ist meine Stimme,
stumm sind meine Lieder heute
und dunkel liegt meine Welt
in einem traurigen Traum gefangen;
unter Tränen frage ich Dich, oh Gott:
»Hast Du Dir selbst vergeben,
liebtst Du sogar jene,
die Deine Luft vergiften
und Dein Licht auslöschen?«

Bist Du überall?

Bist Du in dieser stürmischen Nacht
auch auf Deiner Liebes-Reise, mein Freund?
Der Himmel stöhnt wie ein Verzweifelter.

Heute Nacht finde ich keinen Schlaf.
Immer wieder öffne ich meine Tür
und starre in die Dunkelheit, mein Freund.

Ich kann nichts sehen.
Ich frage mich, wo Dein Weg liegt.

An welchem trüben Ufer
dieses tintenschwarzen Flusses,
an welchem fernen, finstern Waldrand,
durch welch verborgene Tiefen des Trübsinns
führt Dich Dein Weg zu mir, mein Freund?

Warum?

Um Mitternacht verkündete der Möchte-gern-Asket:
»Dies ist die Zeit, mein Haus zu verlassen
und Gott zu suchen.
Ah, wer hat mich nur so lange
hier im Wahn zurückgehalten?«

Gott flüsterte: »Ich«,
doch die Ohren des Mannes waren taub.

Mit einem schlafenden Kind an ihrer Brust
lag seine Frau friedlich auf dem Bett.

Der Mann fragte sich: »Wer seid ihr, daß ihr mich
so lange zum Narren gehalten habt?«

Wieder sagte die Stimme: »Sie sind Gott«,
aber er hörte es nicht.

Das Kind schrie in seinen Träumen auf,
sich enger an seine Mutter schmiegend.

Gott befahl: »Halt ein, verlasse dein Haus nicht,«
aber immer noch wollte der Mann nicht hören.

Gott seufzte und klagte:
»Warum will mein Diener umherschweifen,
um mich zu suchen,
wo er mich doch gerade verläßt?«

Bäume

Sei still, mein Herz,
diese großen Bäume sind Gebete.

Meine Grüße

Weggefährte,
hier sind meine Reisegrüße an dich.

Gott meines gebrochenen Herzens,
meiner Abschiede und Verluste,
der grauen Stille des sinkenden Tages,
die Grüße eines verfallenen Hauses an Dich.

Licht des neugeborenen Morgens,
Sonne des immerwährenden Tages,
meine Grüße unsterblicher Hoffnung an Dich.

Mein Wegweiser,
ich bin ein Wanderer auf endloser Straße,
meine Grüße eines Umherziehenden an Dich.

Von Angesicht zu Angesicht?

Am Ende der Tage,
oh Herrscher meines Lebens,
werde ich vor Dir stehen,
von Angesicht zu Angesicht?

Mit gefalteten Händen,
oh Herrscher aller Welten,
werde ich vor Dir stehen,
von Angesicht zu Angesicht?

Unter Deinem weiten Himmel,
in Einsamkeit und Stille,
mit demütigem Herzen,
werde ich vor Dir stehen,
von Angesicht zu Angesicht?

In dieser Deiner mühsamen Welt,
lärmend von Plage und Kampf,
inmitten gehetzter Mengen,
werde ich vor Dir stehen,
von Angesicht zu Angesicht?

Und wenn meine Arbeit
in dieser Welt getan sein wird,
oh Herrscher aller Herrscher,
allein und sprachlos,
werde ich vor Dir stehen,
von Angesicht zu Angesicht?

Tod

Der Tod, Dein Diener, steht an meiner Tür.
Er hat das unbekannte Meer überquert,
um mir Deinen Ruf nach Haus zu bringen.

Dunkel ist die Nacht und ängstlich mein Herz –
dennoch werde ich meine Lampe nehmen,
meine Tore öffnen und ihn willkommen heißen.
Ist es doch Dein Bote, der vor meiner Tür steht.

Mit gefalteten Händen werde ich ihn ehren –
und mit Tränen. Ich werde ihn ehren, indem ich
ihm den Schatz meines Herzens zu Füßen lege.

Halte meine Hand

Befreie mich von meinen eigenen Schatten, oh Gott,
von den Trümmern und Wirren meiner Tage,
denn finster ist die Nacht
und Dein Pilger erblindet.

Halte meine Hand.

Befreie mich von der Verzweiflung.
Mit Deiner Flamme erhelle meine Sorgen.
Erwecke meine müden Kräfte aus ihrem Schlaf.
Laß mich nicht zögern, meine Verluste zählend.
Laß die Straße mir ein Lied singen
bei jedem Schritt.

Denn finster ist die Nacht
und Dein Pilger erblindet.

Halte meine Hand.

Befreiung

Befreiung bedeutet für mich nicht Verzicht.
Ich fühle die Umarmung der Freiheit
in tausend Fesseln der Wonne.

Stets versprichst Du mir frischen Wein
von mannigfacher Farbe und Wohlgeruch,
dieses irdene Gefäß bis zum Rand füllend.

Meine Welt wird ihre zahllosen Lampen
mit Deiner Flamme entzünden und
sie vor den Altar Deines Tempels stellen.

Nein, ich werde niemals die Tore
meiner Sinne verschließen.
Die Wonnen des Sehens,
Hörens und Berührens
werden Deine Wonnen gebären.

Ja, all meine Täuschungen werden
in lichter Freude verbrennen,
und all meine Wünsche
zu Früchten der Liebe heranreifen.

Dies ist mein Gebet

Gib mir den größten Mut zur Liebe,
dies ist mein Gebet – den Mut,
nach Deinem Willen zu sprechen,
zu handeln und zu leiden,
alle Dinge zu verlassen oder verlassen zu werden.
Stärke mich auf meinen gefahrvollen Wegen,
belohne mich mit Schmerzen und hilf mir,
jene Selbstlosigkeit zu erlangen,
die Dir täglich Opfer bringt.

Gib mit das größte Vertrauen in die Liebe,
dies ist mein Gebet – das Vertrauen,
das zum Leben im Tod gehört,
zum Sieg in der Niederlage, zur Macht,
die sich in der zerbrechlichsten Schönheit verbirgt,
zur Würde im Schmerz, die den Schmerz annimmt,
es aber verachtet, ihn auszusprechen.

Die Ärmsten

Hier ist Dein Fußschemel,
und dort ruhen Deine Füße aus,
wo die Ärmsten, die Geringsten
und Verlorenen ihr Dasein fristen.

Wenn ich versuche, mich vor Dir zu verbeugen,
reicht meine Ehrerbietung nicht zu jener Tiefe hinab,
wo Deine Füße zwischen den Ärmsten,
Geringsten und Verlorenen ruhen.

Stolz kann sich Dir niemals nähern,
wo Du in einfachen Kleidern
zwischen den Ärmsten, Geringsten
und Verlorenen wandelst.

Mein Herz kann niemals seinen Weg dorthin finden,
wo Du mit den Einsamen zwischen den Ärmsten,
Geringsten und Verlorenen umgehst.

Zeit, sich auszuruhen

Ich bitte um einen Augenblick der Nachsicht,
um an Deiner Seite auszuruhen.
Die Werke, die ich gerade tue,
werde ich später verrichten.

Außerhalb Deines Gesichtskreises
kennt mein Herz weder Ruhe noch Aufschub,
und meine Arbeit wird zu einer endlosen Plage
in einem uferlosen Meer der Mühsal.

Heute kam der Sommer mit seinen Seufzern
und seinem Rauschen an mein Fenster;
und die Bienen bringen ihre Spielmannsweisen
am Hofe des blühenden Hains dar.

Nun ist es Zeit, sich auszuruhen,
von Angesicht zu Angesicht mit Dir,
und Lieder auf das Leben zu singen
in dieser stillen, überströmenden Mußezeit.

Der Rebell

Ich bin Dir ganz nah gekommen,
obwohl ich es nicht wußte,
als ich kam, um Dich zu verletzten.

Ich erkannte Dich zuletzt als meinen Meister an,
als ich gegen Dich kämpfte und unterlag.

Ich habe nur meine lästige Schuld vor Dir getan,
als ich Dich heimlich ausraubte.

Ich kämpfte in meinem Stolz gegen Dich,
nur um all Deine Kraft in meiner Brust zu spüren.

Rebellisch löschte ich das Licht in meinem Haus,
und Dein Himmel überraschte mich mit seinen
Sternen.

Das allerkleinste Getreidekorn

Ich bettelte von Tür zu Tür auf der Dorfstraße,
als Dein goldener Wagen in der Ferne
wie ein wunderbarer Traum erschien,
und ich fragte mich,
wer dieser König der Könige sei?

Meine Hoffnungen wuchsen hoch hinaus,
und ich dachte,
daß meine schlimmen Tage vorüber wären.
Ich wartete auf Almosen,
die man mir ungefragt geben
und auf Reichtum, der sich von überallher
im Staub ausbreiten würde.

Der Wagen hielt, wo ich stand.
Dein Blick traf mich,
und Du stiegst mit einem Lächeln aus.
Ich spürte, daß das Glück meines Lebens endlich
da war.

Dann strecktest Du mir plötzlich Deine Rechte
entgegen und fragtest:
»Was kannst du mir geben?«

Ah, was für eine königliche Geste,
Deine Hand zu öffnen, um einen Bettler
anzubetteln!
Ich stand verwirrt und ratlos da,
und dann zog ich langsam das allerkleinste
Getreidekorn aus meiner Tasche
und gab es Dir.

Wie groß war meine Überraschung,
als ich am Ende des Tages
meine Tasche auf dem Boden leerte,
nur um ein allerkleinstes Goldkorn
inmitten meines armseligen Haufens zu finden!
Ich weinte bitterlich und wünschte,
ich hätte Dir von Herzen alles gegeben.

Mein Freund

Ich bin zu Dir gekommen,
um mich von Dir berühren zu lassen,
ehe ich meinen Tag beginne.

Laß Deinen Blick für eine Weile auf mir ruhen.

Laß mich mit dem Wissen Deiner Verbundenheit
an meine Arbeit gehen, mein Freund.

Fülle meinen Geist mit Deiner Musik,
um in der Wüste des Lärms auszuharren.

Laß den Sonnenschein Deiner Liebe
die Gipfel meiner Gedanken küssen
und im Tal meines Lebens weilen,
wo die Ernte heranreift.

Mein Nordstern

Ich habe Dich zum Nordstern meines Seins
erkoren;
niemals wieder werde ich meinen Weg
auf meiner Lebensreise verlieren.

Wo immer ich auch gehe,
stets bist Du da,
um mich mit Deinen Wohltaten zu überschütten.
Den Augen meines Geistes
ist Dein Antlitz stets gegenwärtig.

Wenn ich Dich nur für einen einzigen Moment
aus den Augen verliere,
komme ich beinahe um meinen Verstand.

Wann immer mein Herz
vom rechten Weg abkommt,
ein einziger Deiner Blicke genügt,
um es zu beschämen.

Weisheit

Ich habe den Gipfel erklommen
und keinen Schutz auf der öden,
unfruchtbaren Höhe des Ruhms gefunden.

Leite mich, mein Gefährte,
bevor das Licht verblaßt,
ins Tal der Ruhe,
wo die Lebensernte
zu goldener Weisheit heranreift.

Deine Gegenwart

Ich weiß nicht,
aus welcher fernen Zeit
Du immer näher kommst,
um mich zu treffen.

Deine Sonne und Deine Sterne
können Dich niemals vor mir verbergen.

An manch einem Morgen und Abend
wurden Deine Schritte gehört,
und Dein Bote kam zu meinem Herzen,
um mich heimlich zu rufen.

Ich weiß nicht,
warum mein Leben heute so bewegt ist,
und ein Gefühl bebender Freude
durchzieht mein Herz.

Mir ist, als wär es Zeit,
mein Werk zu beschließen,
denn der zaghaft süße Duft Deiner Gegenwart
liegt in der Luft.

Schätze

Ich weiß, daß der Tag kommen wird,
an dem diese Erde meinem Blick entschwindet,
sich das Leben leise verabschiedet
und der letzte Vorhang fällt.

Doch nachts werden die Sterne weiter wachen,
der Morgen wie immer heraufdämmern
und die Stunden,
Freuden und Schmerzen abwägend,
wie Meereswellen wogen.

Wenn ich an mein Ende denke,
bricht die Grenze der Augenblicke
und im Licht des Todes sehe ich Deine Welt
mit ihren unbekümmerten Schätzen.
Köstlich sind die unscheinbarsten Plätze,
köstlich die geringsten Leben.

Dinge, die ich vergebens herbeisehnte
und Dinge, die ich bekam – laß sie verstreichen.
Laß mich nur jene Dinge wahrhaft besitzen,
die ich immer verschmähte und übersah.

Nicht ganz verloren

Ich weiß, daß dieses Leben,
das in der Liebe Reife vermissen ließ,
nicht ganz verloren ist.

Ich weiß, daß die Blumen,
die in der Morgendämmerung verblühen,
und die Flüsse, die sich in der Wüste verirrten,
nicht ganz verloren sind.

Ich weiß, daß was auch immer in diesem Leben
von Langsamkeit befrachtet, zurückblieb,
nicht ganz verloren ist.

Ich weiß, daß meine unerfüllten Träume
und unschönen Melodien sich an die Saiten
Deiner Laute schmiegen
und nicht ganz verloren sind.

Meine Reise

Ich dachte, meine Reise sei zu Ende,
meine Kräfte versiegt, der Weg versperrt,
die Vorräte erschöpft und die Zeit gekommen,
sich leise im Dunkel zu verstecken.

Aber ich sah, daß Dein Wille
kein Ende in mir kennt,
daß neue Lieder aus dem Herzen sprießen,
wenn alte Worte auf der Zunge sterben,
und sich zeigt ein neues wunderbares Land,
wenn alte Spuren sich verlaufen.

Dein Name

Ich werde Deinen Namen aussprechen,
wenn ich einsam zwischen den Schatten
meiner leisen Gedanke weile.
Ich werde ihn ohne Worte aussprechen;
ich werde ihn ohne Zweck aussprechen.
Denn ich bin wie ein Kind,
das seine Mutter hundertmal ruft,
weil es sich freut, »Mutter« sagen zu können.

Du bist da

Ich möchte Gesang und Beten seinlassen.
Wen soll ich in dieser dunklen Ecke des Tempels
mit all seinen verschlossenen Türen preisen?
Ich öffne meine Augen und sehe,
daß Du, oh Gott, nicht vor mir stehst.

Du weilst dort, wo der Bauer
den harten Boden pflügt
und der Straßenarbeiter Steine bricht.
Du bist mit ihnen bei Regen und Sonnenschein,
und Dein Gewand ist staubbedeckt.
Ich ziehe meinen heiligen Mantel aus
und komme wie Du auf die staubige Erde herab.

Befreiung? Wo kann man Befreiung finden?
Du selbst hast Dir die Fesseln
der Schöpfung freudig angelegt;
Du bist mit uns allen für immer verbunden.

Ich beende meine Meditationen
und lasse Blumen und Weihrauch zurück.
Wem schadet es, wenn meine Kleider
zerfetzt und fleckig werden?
Ich treffe Dich und stehe neben Dir –
im Schweiße meines Angesichts.

Jenseits der Verzweiflung

Mit verzweifelter Hoffnung gehe und suche ich
nach ihr in allen Ecken meines Zimmers;
ich kann sie nicht finden.

Mein Haus ist klein,
und was einmal aus ihm verschwand,
kann nicht mehr wiedergewonnen werden.

Doch Dein Haus ist unendlich groß, mein Gott;
und auf der Suche nach ihr
bin ich an Deine Tür gekommen.

Ich stehe unter dem goldenen Baldachin
Deines Abendhimmels
und erhebe meine gespannten Blicke
zu Deinem Antlitz.

Ich bin an den Rand der Ewigkeit gelangt,
wo nichts mehr schwinden kann –
keine Hoffnung, kein Glück, kein Gesicht,
das man durch Tränen sieht.

Oh, versenke mein leeres Leben im Ozean,
stürze es in die tiefste Fülle.
Laß mich nur ein einziges Mal
diese verlorene, süße Berührung
des allumfassenden Alls verspüren.

Mein Lied

In meinen Liedern habe ich
Deine Frühlingsblumen besungen
und Deinen raschelnden Blättern
Rhythmus verliehen.

Ich habe in die Stille Deiner Nacht
und den Frieden Deines Morgens gesungen.

Die Aufregung des ersten Sommerregens
und das Winken der Herbsternte
sind in meine Weisen geflossen.

Laß mein Lied nicht aufhören.

Gruß

Mit einem einzigen Gruß an Dich, mein Gott,
laß alle meine Sinne sich öffnen
und mich diese Welt zu Deinen Füßen berühren.

Wie eine tiefliegende, regenschwere Wolke
laß meinen Geist vor Deinem Tor
sich mit einem einzigen Gruß an Dich verbeugen.

Laß die mannigfachen Töne meiner Lieder
in eins zusammenfließen
und mit einem Gruß an Dich
in ein Meer der Stille münden.

Wie eine Schar sehnsüchtiger Kraniche,
die bei Tag und Nacht zu ihren Nestern
in den Bergen zurückfliegt,
laß die Reise meines Lebens
in ihre ewige Heimat
sich mit einem einzigen Gruß an Dich vollenden.

Der einsame Wanderer

In den tiefen Schatten des Regens
gehst Du einsam und leise wie die Nacht
und meidest alle Wächter.

Heute hat der Morgen
seine Augen verschlossen,
unbekümmert der eindringlichen Rufe
des lauten Ostwinds,
und ein dicker Schleier zog
vor den immer wachsamen blauen Himmel.

Die Wälder haben ihre Lieder
zum Schweigen gebracht,
und an jedem Haus werden Türen geschlossen.
Du bist der einsame Wanderer
auf dieser verlassenen Straße.
Oh, mein einziger Freund,
die Tore meines Hauses stehen offen.
Geh nicht vorüber wie ein Traum.

Schlaf

In der Nacht des Überdrusses
laß mich mühelos einschlafen
und an Dich glauben.

Laß es nicht zu, daß mein matter Geist
sich zu einer armseligen Preisung Deiner zwingt.

Du bist es, der den Schleier der Nacht
über die müden Augen des Tages legt,
um ihre Blicke beim Erwachen
mit noch größerer Freude zu erfrischen.

Mutter Erde

Du bist nicht unendlich reich,
meine geduldige, schwarze,
staubige Mutter Erde!
Du mühst Dich ab,
um die Münder Deiner Kinder zu stopfen,
doch Speise ist selten.
Das Geschenk der Freude,
das Du für uns bereithältst,
ist niemals vollkommen.
Niemals kannst Du
alle unsere Hoffnungen erfüllen,
doch sollte ich Dich darum verlassen?

Dein Lächeln, das von Schmerz umschattet wird,
ist meinen Augen ein süßer Anblick.
Deine Liebe, die keine Erfüllung kennt,
ist meinem Herzen teuer.
An Deinen Brüsten hast Du uns mit Leben,

aber nicht mit Unsterblichkeit genährt,
darum sind Deine Augen stets wachsam.

Seit alters her wirkst Du mit Farben und Liedern,
obwohl Dein Himmel nicht errichtet wurde,
sondern nur ein trauriger Entwurf blieb.

Über Deinen schönen Schöpfungen
hängt der Schleier der Tränen.

Ich werde meine Lieder
auf Dein zärtliches Gesicht verströmen
und Deinen traurigen Staub lieben, Mutter Erde.

Grenzenlose Freude

Kann man jenseits von Dir froh werden
über die Freude dieses Rhythmus'?
Hin- und hergeworfen, verloren und zerschlagen
im Wirbel dieser furchtsamen Freude?

Alle Dinge stürmen voran,
bleiben nicht stehen,
blicken niemals zurück;
keine Macht kann sie aufhalten,
sie stürmen voran.

Schritt haltend mit dieser ruhelosen,
schnellen Musik,
tanzen die Jahreszeiten an uns vorbei –
Farben, Töne und Düfte ergießen sich
gleich endlosen Kaskaden in grenzenloser Freude,
die sich ausbreitet, aufgibt
und jeden Augenblick stirbt.

Schöpfer des Universums

Einzig die Offenbarung Deiner Unendlichkeit
ist stets neu und ewig schön in uns
und erfüllt uns mit Lebenssinn,
wenn wir Deinen rhythmischen Pulsschlag
und die ganze Welt in unseren Seelen spüren –
erst dann sind wir frei.

Oh Schöpfer des Universums!
Laß den unwiderstehlichen Strom
Deiner kosmischen Kraft
wie den ungestümen Südwind
des Frühlings wehen;
laß ihn über das weite Feld
der Menschenleben sausen.
Laß unsere neu erwachten Kräfte
nach unbegrenzter Erfüllung aufschreien
in Blatt und Blume und Frucht.

Mein letztes Lied

Laß alle Töne der Freude
in mein letztes Lied münden –
die Freude, die die Erde im Überschwang
zum Grünen bringt;
die Freude, die die Zwillinge, Leben und Tod,
über die weite Welt tanzen läßt;
die Freude, die mit dem Gewitter stürmt,
das ganze Leben mit Lachen erfüllend;
die Freude, die mit ihren Tränen still
auf dem offenen, roten Lotus des Schmerzes sitzt,
und die Freude, die alles in den Staub wirft
und kein einziges Wort kennt.

Dein Händedruck

Laß mich nicht darum beten,
von Gefahren verschont zu werden,
sondern darum, ihnen furchtlos zu begegnen.

Laß mich nicht für die Linderung
meines Schmerzes beten,
sondern für die Kraft des Herzens,
sie zu überwinden.

Laß mich nicht ängstlich nach Erlösung flehen,
sondern nach der Geduld,
meine Freiheit zu gewinnen.

Mach, daß ich kein Feigling bin,
der Deine Gnade nur in seinem Erfolg erkennt,
sondern laß mich Deinen Händedruck
in meinen Niederlagen finden.

Laß mein Lied schlicht sein

Laß mein Lied so schlicht sein
wie das Erwachen am Morgen,
wie das Tropfen des Taus von den Blättern.

So schlicht wie die Farben der Wolken
und wie die Regengüsse bei Mitternacht.

Doch die Saiten meiner Laute sind neu bespannt,
ihr Klang gleicht dem scharfer Speere.

Auf diese Weise verfehlen die Töne meiner Lieder
den Geist des Windes,
verletzten das Licht des Himmels
und verdrängen ringend Deine eigene Musik.

Mein Alles

Laß nur so viel von mir übrig,
daß ich Dich mein Alles nennen kann.

Laß nur so viel von meinem Willen übrig,
daß ich Dich überall spüren, zu Dir kommen
und Dir jeden Augenblick
meine Liebe zeigen kann.

Laß nur so viel von mir übrig,
daß ich Dich niemals verleugnen kann.

Laß nur so viel von meinen Fesseln übrig,
daß ich Dir verbunden bin
und Dein Wille sich in meinem Leben erfüllt –
dies ist das Band Deiner Liebe.

Mein Land

Laß die Erde und das Wasser,
die Luft und die Früchte meines Landes
süß sein, mein Gott.

Laß die Häuser und Märkte,
die Wälder und Felder meines Landes
voll sein, mein Gott.

Laß die Versprechen und Hoffnungen,
die Taten und Worte meines Landes,
wahr sein, mein Gott.

Laß die Leben und Herzen
der Söhne und Töchter meines Landes
eins sein, mein Gott.

Mein letztes Wort

Ich vertraue Deiner Liebe –
Laß dies mein letztes Wort sein.

Deine Liebe

Laß Deine Liebe durch meine Stimme wirken
und in meiner Stille verweilen.

Laß sie durch mein Herz
in all meine Werke eingehen.

Laß Deine Liebe wie Sterne leuchten
in der Dunkelheit meines Schlafs
und in der Dämmerung meines Erwachens.

Laß sie in den Flammen meiner Begierden brennen
und in allen Strömen meiner Liebe fließen.

Laß mich Deine Liebe in mein Leben bringen
wie eine Harfe ihre Musik
und sie Dir mit meinem Leben
am Ende wieder zurückgeben.

Leben meines Lebens

Leben meines Lebens,
stets werde ich versuchen,
meinen Körper rein zu halten,
wissend, daß Deine lebendige Berührung
allen meinen Gliedern gilt.

Stets werde ich versuchen, meine Gedanken
von allen Unwahrheiten fernzuhalten,
wissend, daß Du jene Wahrheit bist,
die das Licht der Vernunft
in meinem Geist entzündet hat.

Stets werde ich versuchen,
alles Böse aus meinem Herzen zu vertreiben
und meine Liebe blühen zu lassen,
wissend, daß Du Deinen Platz
im innersten Schrein meines Herzens hast.

Es wird mein Bestreben sein,
Dich in meinen Handlungen zu offenbaren,
wissend, daß es Deine Macht ist,
die mir Kraft zum Handeln gibt.

Licht

Licht, mein Licht, das welterfüllende Licht,
das augenküssende Licht,
das herzversüßende Licht:

Ah, das Licht tanzt, mein Liebling,
im Mittelpunkt meines Lebens;
das Licht streicht, mein Liebling,
die Saiten meiner Liebe;
der Himmel öffnet sich;
der Wind weht wild;
Lachen geht über die Erde.

Die Schmetterlinge breiten ihre Segel
auf dem Meer des Lichts aus.
Lilien und Jasmin wogen
auf den Wellenkämmen des Lichts.

Das Licht bricht sich golden
auf jeder Wolke, mein Liebling,
und streut Edelsteine im Überfluß.

Freude breitet sich aus
von Blatt zu Blatt, mein Liebling,
und Fröhlichkeit ohne Maßen.
Der Fluß des Himmels
ist über seine Ufer getreten,
und die Flut der Freude überschwemmt alles.

Die Fülle des Friedens

Nicht mein ist die Liebe,
die keine Grenzen kennt
und wie schäumender Wein
überläuft und sich vergeudet.

Schick mir die Liebe,
die so kühl und rein ist wie Dein Regen,
der die durstige Erde segnet
und die schlichten tönernen Krüge füllt.

Schick mir die Liebe,
die in den Mittelpunkt des Scins sickert,
um wie der unsichtbare Saft
durch die Äste des Lebensbaums zu fließen
und Früchte und Blumen hervorzubringen.

Schick mir die Liebe,
die das Herz mit der Fülle des Friedens beruhigt.

Fest sind die Fesseln

Fest sind die Fesseln
und stark die Schmerzen meines Herzens,
wenn ich versuche, sie zu brechen.

Freiheit ist alles, was ich will;
doch darauf zu hoffen,
erfüllt mich mit Scham.

Ich bin sicher,
daß unschätzbarer Reichtum Dein eigen
und Du mein bester Freund bist,
aber ich habe nicht den Mut,
den Flitter zu vertreiben,
der meinen Raum ausfüllt.

Das Gewand, das mich bedeckt,
ist ein Staub- und Leichentuch;
ich hasse es, doch halte ich es liebend fest.

Meine Schulden und Fehler sind groß,
meine Schande versteckt und schwer;
doch wenn ich um mein Heil bitte,
zittere ich vor Furcht,
daß mein Gebet erhört werden möge.

Vergeudete Zeit

An manch einem müßigen Tag
habe ich mich über vergeudete Zeit gegrämt,
doch sie ist niemals wirklich verloren, mein Gott.
Du hast jeden Augenblick meines Lebens
in Deine Hände genommen.

Verborgen im Herzen der Dinge,
verwandelst Du Samen in Sprößlinge,
Knospen in Blüten
und reifende Blumen in Fruchtbarkeit.

Müde döste ich auf meinem Bett
und dachte, alle Arbeit sei getan.
Am Morgen erwachte ich und sah
meinen Garten voller wunderbarer Blumen.

Die Unendlichkeit Deiner Liebe

Zeige Dich meinen Augen,
und entflamme meine Lieder
mit Deinem Blick.

Zeige Dich inmitten Deiner Sterne,
und entzünde mit ihrem Licht
das Feuer meiner Anbetung.

Die Erde wartet am Wegrand der Welt.

Zeige Dich auf dem grünen Mantel,
den sie Dir zu Füßen geworfen hat,
und laß mich in ihrem Gras
und ihren Wiesenblumen
meinen Gruß an Dich finden.

Zeige Dich an meinem einsamen Abend,
wenn mein Herz alleine wacht;
fülle den Kelch der Einsamkeit,
und laß mich die Unendlichkeit
Deiner Liebe spüren.

Ich will Dich, nur Dich allein

Daß ich Dich will, nur Dich allein –
laß es mein Herz endlos wiederholen.
Alle Wünsche, die mich Tag und Nacht
zerstreuen, sind im Innersten
nichtig und leer.

Wie die Nacht in ihrer Dunkelheit
die Bitte um Licht verborgen hält,
so ertönt in der Tiefe meines Unbewußten
der Ruf: »Ich will Dich, nur Dich allein!«

Wie der Sturm sein Ende im Frieden sucht,
wenngleich er mit aller Macht
gegen ihn ankämpft,
so rebelliere ich auch gegen Deine Liebe
und rufe dennoch: »Ich will Dich,
nur Dich allein!«

Regen

Regen trübt den Tag.

Zornige Blitze leuchten
durch zerfetzte Wolkenschleier,
und der Wald gleicht einem eingesperrten Löwen,
der seine Mäne verzweifelt schüttelt.

An solch einem Tag,
wo die Winde mit den Flügeln schlagen,
laß mich meinen Frieden
in Deiner Gegenwart finden.

Denn der traurige Himmel
überschattet meine Einsamkeit,
um Deiner Berührung meines Herzens
Tiefe zu verleihen.

Dunkelheit und Licht

Die Laterne in meiner Hand
macht sich die Dunkelheit
der weiten Straße zum Feind.

Und dieser Wegrand wird
zum Schrecken für mich,
wo sogar der blühende Baum finster blickt
wie ein Gespenst drohender Gefahr;
und der Klang meiner eigenen Schritte
hallt mir als Argwohn entgegen.

Darum bitte ich um Dein eigenes Morgenlicht,
wenn Weite und Nähe sich küssen
und Leben und Liebe eins sein werden.

Der Strom des Lebens

Der gleiche Strom des Lebens,
der Tag und Nacht durch meine Adern fließt,
fließt auch durch die Welt
und tanzt in gleichmäßigem Takt.

Es ist das gleiche Leben,
das durch den Staub der Erde
freudig in zahllose Grashalme strömt
und stürmisch in Blättern und Blüten wogt.

Es ist das gleiche Leben,
das in der Meeres-Wiege von Geburt und Tod,
Ebbe und Flut, geschaukelt wird.

Ich fühle meine Glieder wunderbar berührt
von dieser Welt des Lebens.
Und mein Stolz,
Teil des alten Pulsschlags des Lebens,
tanzt jetzt in meinem Blut.

Tilge die Wurzel

Dies ist mein Gebet an Dich, oh Gott –
tilge die Wurzel der Armseligkeit in meinem
Herzen.

Gib mir die Kraft,
meine Freuden und Sorgen heiter zu ertragen.

Gib mir die Kraft,
meine Liebe dienend fruchtbar zu machen.

Gib mir die Kraft,
die Armen niemals zu verleugnen
oder meine Knie
vor unverschämter Macht zu beugen.

Gib mir die Kraft,
meinen Geist über die Nichtigkeiten
des Alltags weit hinaus zu erheben.

Gib mir die Kraft,
meine Kraft Deinem Willen
mit Liebe zu übergeben.

Danksagung

Jene, die den Pfad des Stolzes gehen,
das niedere Leben unter ihren Schritten zertreten
und das zarte Grün der Erde
mit ihren blutigen Fußspuren bedecken,
laß sie sich erfreuen und Dir danken, Gott,
denn der Tag gehört ihnen.

Doch ich bin dankbar dafür,
daß mein Los mit den Geringsten verbunden ist,
die leiden und die Bürde der Macht erdulden,
ihre Gesichter verstecken
und ihr Schluchzen im Dunkel ersticken.

Denn jeder ihrer Schmerzen
pocht in der verborgenen Tiefe Deiner Nacht
und jede Verleumdung geht ein
in Deine große Stille;

Der Morgen gehört ihnen.

Oh Sonne, erhebe dich über die blutenden Herzen,
erblühe in den Blumen des Morgens
und laß den feierlichen Fackelschein
des Stolzes zu Asche werden.

Nimm, oh nimm

Oft kam ich mit flehenden Händen
an Dein Tor und bat Dich
um mehr und immer mehr.

Du gabst und gabst, zuweilen gemach,
zuweilen in plötzlichem Übermaß.

Einiges nahm ich an, einiges ließ ich fallen;
einiges lag schwer in meinen Händen;
einiges machte ich zu Spielzeug und zerbrach es,
wenn ich dessen müde wurde,
bis die Trümmer und Schätze Deiner Gaben
riesig heranwuchsen, Dich verbergend,
und die unendlichen Erwartungen
mein Herz erschöpften.

»Nimm, oh nimm«, lautet nun mein Schrei.

Halte meine Hände; erhebe mich
aus der Unzahl Deiner Geschenke
in die leere Unendlichkeit Deiner Gegenwart.

Zeit

Die Zeit ist endlos in Deinen Händen, oh Gott.
Es gibt niemanden, der Deine Minuten zählt.

Tage und Nächte vergehen,
und Zeitalter blühen und verwelken wie Blumen.

Jahrhunderte folgen auf Jahrhunderte,
um eine kleine wilde Blumen zu vollenden.

Wir hingegen haben keine Zeit zu verlieren,
daher müssen wir für unsere Erfolge kämpfen.
Wir sind zu arm, um uns zu verspäten.

So verstreicht die Zeit,
während ich sie jeder mürrischen Person gebe,
die sie einfordert,
und Dein Altar bleibt schließlich ohne Opfer.

Am Ende des Tages haste ich aus Furcht,
daß das Tor verschlossen wird,
doch finde ich immer noch genügend Zeit vor.

Tränen der Erde

Wir freuen uns darüber, oh Gott,
daß die Tränen der Erde
ihr Lächeln blühen lassen.

Welch göttlicher Trunk

Welch göttlichen Trunk möchtest Du, mein Gott,
von diesem überfließenden Kelch meines Lebens?

Mein Dichter, ist es Deine Freude,
Deine Schöpfung mit meinen Augen zu sehen,
an den Pforten meiner Ohren zu weilen,
um Deinen eigenen ewigen Harmonien
still zu lauschen?

Deine Welt erfindet Worte in meinem Geist,
und Deine Freude fügt Musik hinzu.
Du gibst Dich in Liebe mir hin,
und dann spürst Du
Deine eigene Liebligkeit in mir.

Die Musik der Liebe

Wenn alle Saiten meines Lebens gestimmt sind,
wird bei jeder Deiner Berührungen
die Musik der Liebe ertönen.

Keine Nacht des Ruhens mehr

Wenn ich in Deiner Liebe erwache,
wird meine Nacht der Ruhe zu Ende sein.

Dein Sonnenaufgang wird mein Herz
im Zeichen des Feuers berühren
und meine Reise auf der Kreisbahn
triumphierenden Leidens beginnen.

Ich werde es wagen,
die Herausforderung des Todes anzunehmen
und Deine Stimme in das Herz
der Spötter und Bedroher zu bringen.

Ich werde meine Brust
vor dem Unrecht entblößen,
das man Deinen Kindern angetan hat,
und die Gefahr auf mich nehmen,
Dir beizustehen,
wenn niemand es mehr tut.

Oh Welt

Wenn Dich mein Herz
nicht voller Liebe küßt, oh Welt,
vergeudet Dein Licht seine volle Pracht
und Dein Himmel scheint durch die lange Nacht
mit seiner hellen Leuchte.

Mein Herz kommt mit seinen Liedern zu Dir,
es wird geflüstert,
und es legt seinen Kranz um deinen Nacken.

Ich weiß, daß es Dir etwas gibt,
das mit Deinen Sternen zu Schätzen wird.

Spielzeit

Als ich mit Dir spielte,
fragte ich niemals, wer Du seist.
Ich kannte weder Schüchternheit noch Furcht;
mein Leben war ungestüm.

Am frühen Morgen erwecktest Du mich
aus meinem Schlaf wie mein eigener Freund
und führtest mich von Lichtung zu Lichtung.

An jenen Tagen war mir die Bedeutung
der Lieder, die Du sangst, ganz gleichgültig.
Nur meine Stimme nahm die Melodien auf,
und mein Herz tanzte zu ihren Rhythmen.

Nun, da die Spielzeit vorüber ist,
was hat dieses Schauspiel zu bedeuten?
Die Welt, die ihre Augen auf Deine Füße richtet,
steht voller Ehrfurcht mit all ihren stillen Sternen.

Wenn das Herz hart ist

Wenn das Herz hart und ausgedörrt ist,
komm mit Deiner Gnade über mich.

Wenn das Leben keine Anmut mehr kennt,
komm mit einer Überfülle von Liedern.

Wenn Arbeit lärmendes Getöse verbreitet
und mich dem Jenseits verschließt,
komm zu mir, Gott der Stille,
mit Deinem Frieden und Deiner Ruhe.

Wenn mein armseliges Herz
sich in einer Ecke verschließt,
brech die Tür auf, mein Gott.

Wenn Begierde den Geist verblendet, oh Heiliger,
komm mit Deinem Blitz und Donner.

Singen

Wenn Du mir zu singen befiehlst,
scheint mein Herz vor Stolz zu zerspringen;
und ich sehe in Dein Antlitz,
und Tränen treten in meine Augen.

Alles Grelle und Schrille meines Lebens
löst sich auf in eine einzige süße Harmonie –
und meine Bewunderung breitet ihre Flügel aus
wie ein frohgemuter Vogel
auf seinem Flug übers Meer.

Ich weiß, daß Dir mein Singen gefällt.
Ich weiß, daß ich nur als Sänger
in Deine Gegenwart komme.

Mit dem weit ausgespannten Flügel meines Liedes
berühre ich Deine Füße,
die ich sonst nie erreichte.

Trunken vor Sangeswonne
vergeße ich mich selbst und nenne Dich
Freund, der Du mein Lenker bist.

Wenn Du mich erlöst

Wenn Du mich erlöst,
fallen die Schritte leichter
an der Grenze Deiner Welten.

Wenn mein Herz reingewaschen wird,
erhellt es das Licht Deiner Sonne.

Daß die Knospe nicht in ihrer Schönheit
geblüht hat in meinem Leben,
stimmt das Herz der Schöpfung traurig.

Wenn das Leichentuch der Dunkelheit
sich von meiner Seele hebt,
wird Dein Lächeln von Musik begleitet sein.

Laß mein Land erwachen

Wo der Geist furchtlos ist
und man erhobenen Hauptes geht;

Wo das Wissen frei ist;

Wo die Welt nicht von engen Mauern
in Stücke zerteilt wird;

Wo Worte aus der Tiefe der Wahrheit kommen;

Wo unermüdliches Streben
die Arme nach Vollendung ausstreckt;

Wo der klare Strom der Vernunft sich nicht in
die öden Sandwüsten toter Gewohnheiten verirrt;

Wo der Geist durch Dich stets zu umfassenden
Gedanken und Taten geführt wird –

In diesen Himmel der Freiheit, mein Vater,
laß mein Land erwachen.

Nichts als Liebe

Ja, ich weiß, dies ist nichts als Deine Liebe,
oh Geliebter meines Herzens
– dieses goldene Licht,
das auf den Blättern tanzt, diese trägen Wolken,
die am Himmel segeln, diese Brise,
die ihre Kühle auf meiner Stirn zurückläßt.

Das Morgenlicht überflutet meine Augen –
dies ist Deine Botschaft an mein Herz.
Dein Antlitz neigt sich mir zu,
Deine Augen schauen in meine
und mein Herz berührt Deine Füße.

Der Himmel und das Nest

Du bist der Himmel und auch das Nest.

Einzig Prächtiger, dort umschließt Deine Liebe
die Seele mit Farben, Klängen und Düften.

Von dort kommt der Morgen,
den goldenen Korb und Kranz
der Schönheit in seiner Rechten,
um die Erde still zu krönen.

Und von dort kommt auch der Abend
über die einsamen,
von ihren Herden verlassenen Wiesen,
auf spurlosen Pfaden,
die kühlen Entwürfe des Friedens
im goldenen Krug vom Ozean der Ruhe.

Aber dort, wo sich der unendliche Himmel ausdehnt,
um die fliehende Seele zu empfangen,
regiert das reine, weiße Leuchten.
Dort gibt es weder Tag noch Nacht,
keine Formen oder Farben
und niemals, niemals ein Wort.

Nun, am Abend

Seit den frühen Morgenstunden hast Du
mir einen Platz an Deinem Fenster gewährt.

Ich habe mit den stillen Dienstboten gesprochen,
die auf der Straße Deine Aufträge erfüllen,
und ich habe in Deinem Himmelschor gesungen.

Ich habe das Meer
in seiner unermeßlichen Ruhe gesehen
und auch den Sturm,
der kämpfend die Geheimnisse
seiner eigenen Tiefe preisgibt.

Ich habe die Erde
bei verschwenderischen Jugendfesten
und auch ihre schleichenden,
Schatten gebärenden Stunden gesehen.

Jene, die die Saat ausstreuen gingen,
haben meine Grüße empfangen,
und jene, die ihre Ernte einbrachten
– oder ihre leeren Körbe –,
sind durch meine Lieder gezogen.

So ging mein Tag zu Ende,
und nun, am Abend,
singe ich mein letztes Lied,
um Dir zu sagen,
daß ich Deine Welt geliebt habe.

Gaben

Du hast mir Deine Liebe geschenkt
und die Welt mit Deinen Gaben erfüllt.

Sie überschütteten mich,
als ich nichts von ihnen wußte,
denn mein Herz schlief
und die Nacht war dunkel.

Verloren in der Höhle meiner Träume,
erbebte ich dennoch vor Freude.

Und ich weiß, daß Du als kleine Gegengabe
für die Schätze Deiner großen Welten
von mir eine Blume der Liebe erhalten wirst,
an jenem Morgen, wenn mein Herz erwacht.

Du hast mich für die Unendlichkeit gemacht

Du hast mich für die Unendlichkeit gemacht –
das ist Deine Freude.
Dieses zerbrechliche Gefäß,
das Du immer wieder leerst
und mit neuem Leben füllst.

Diese kleine Rohrflöte,
die Du über Hügel und Täler getragen
und auf der Du ewig neue Melodien gespielt hast.

Bei der unsterblichen Berührung Deiner Hände
vergißt dieses kleine Herz freudig seine Grenzen
und findet unaussprechlichen Ausdruck.

Deine unendlichen Gaben
kamen nur in meine kleinen Hände.
Zeitalter vergehen,
und immer noch verströmst Du deine Gaben
und immer noch ist Raum zu füllen.

Freunde, die ich nicht kannte

Du hast mir Freunde zugeführt,
die ich nicht kannte.
Du hast mir Wohnungen in Häusern gegeben,
die mir nicht gehörten.
Du hast aus Ferne Nähe
und aus Fremden Brüder gemacht.

Mein Herz ist ängstlich,
wenn ich mein vertrautes Heim verlassen muß;
ich vergesse, daß das Alte im Neuen weiter wirkt
und daß auch Du bestehst.

Durch Geburt und Tod,
in dieser oder in anderen Welten,
wo immer Du mich auch hinführst,
stets bist Du es,
der Begleiter meines endlosen Lebens,
der mein Herz freudig an Unbekanntes fesselt.

Wenn man Dich kennt,
gibt es nichts Fremdes,
ist keine Tür mehr verschlossen.
Oh erhöre mein Gebet,
daß ich niemals die eine selige Berührung
im Spiel der vielen verlieren möge.

Du verbirgst Dich

Du verbirgst Dich
in Deinem eigenen Ruhm, oh Gott.
Selbst das Sandkorn und der Tautropfen
sind stolzer als Du.

Die unverfrorene Welt nennt
alle Deine Dinge ihr eigen –
doch niemals schämt sie sich dessen.

Du verschaffst uns Raum,
während Du draußen bleibst;
weshalb die Liebe ihr eigenes Licht entzündet,
um Dich zu suchen und ungebeten zu verehren.

Am Ende befreit!

Du nahmst meine Hand
und zogst mich an Deine Seite,
ließest mich oben Platz nehmen,
vor allen anderen, bis ich mich
vor Schüchternheit nicht mehr rühren
und meines Weges gehen konnte,
bis ich bei jedem Schritt zögerte,
um nicht in einen Dorn ihrer Ungnade zu treten.
Am Ende wurde ich befreit!
Der Schlag kam,
die Trommel der Beschimpfung ertönte,
mein Sitz wurde tief in den Staub verlegt.
Offen liegen nun meine Wege vor mir.
Meine Flügel sehnen sich nach dem Himmel.
Ich werde den Sternschnuppen
der Mitternacht folgen
und in den tiefen Schatten tauchen.
Ich bin wie die sturmgetriebene Sommerwolke,
die ihre Goldkrone abgeworfen hat

und den Blitz wie ein Schwert
über einer Kette von Donnerschlägen aufhängt.
Vor verzweifelter Freude eile ich
auf den staubigen Pfaden der Verschmähten;
ich nähere mich
Deinem endgültigen Willkommen.
Das Kind findet seine Mutter,
wenn es ihren Schoß verläßt.
Erst wenn ich von Dir getrennt,
aus Deinem Haus vertrieben wurde,
bin ich frei, um Dein Antlitz zu sehen.

Ewig Reisender

Du, ewig Reisender,
wirst Spuren deiner Schritte
in meinen Liedern finden.

Preisung

Deine Gaben an uns Sterbliche
erfüllen all unsere Bedürfnisse,
und dennoch kehren sie
unvermindert an Dich zurück.

Der Fluß muß seine alltägliche Arbeit verrichten
und eilt durch Felder und Weiler;
doch sein unaufhörlicher Strom windet sich,
um Deine Füße zu waschen.

Die Blume versüßt die Luft mit ihrem Duft;
doch bietet sie sich am Ende Dir dar.

Deine Preisung verringert die Welt nicht.

Von des Dichters Worten wählen die Menschen
das aus, was ihnen selbst gefällt;
doch ihre letzte Bedeutung zielt auf Dich.

Die vollkommene Vereinigung

Deine Freude erfüllt mich ganz und gar.

Du hast mich zum Teilhaber
all Deines Reichtums gemacht.
In meinem Herzen ertönt
das endlose Spiel Deiner Freude.
In meinem Leben offenbart sich stets Dein Wille.

Du, der Du der Lenker aller Lenker bist,
schmückst Dich mit Schönheit,
und Deine Liebe verliert sich
in der vollkommenen Vereinigung.

Dein Licht, mein Licht

Dein Licht, mein Licht, welterfüllendes Licht,
die tanzende Mitte meines Lebens,
der Himmel öffnet sich, der Wind weht wild
und Lachen geht über die Erde.

Die Schmetterlinge haben ihre Segel ausgebreitet,
um auf den Meeren des Lichts zu gleiten;
Lilien und Jasmin wogen
auf den Wellenkämmen des Lichts.

Nun ist der Fluß des Himmels
über seine Ufer getreten,
und Fluten der Freude überschwemmen alles;
nun verbreitet sich Fröhlichkeit von Blatt zu Blatt
und Freude ohne Maßen.

Deine Sonnenstrahlen

Deine Sonnenstrahlen kommen über die Erde
mit ausgestreckten Armen und stehen
den lieben langen Tag an meiner Tür,
um die Wolken meiner Tränen, Seufzer und Lieder
zu Deinen Füßen zurückzubringen.

Mit zärtlicher Freude hüllst Du
Deine gestirnte Brust
in den Mantel feuchter Wolken
und verwandelst sie in zahllose Formen,
Falten und Farben.

Er ist so leicht und luftig,
weich und tränenreich und dunkel,
deshalb liebst Du ihn, oh einzig Heiterer,
und deshalb darf er
Dein ehrfurchtsgebietendes weißes Licht
mit den Schatten Deiner Leiden bedecken.

Dein

Dein ist das Licht,
das aus der Dunkelheit kommt,
und das Gute,
das aus dem Herzen des Haders sprießt.

Dein ist das Haus,
das sich der Welt öffnet,
und die Liebe,
die zum Schlachtfeld ruft.

Dein ist die Gabe,
die noch ein Gewinn ist,
wenn alles verloren ist,
und das Leben,
das durch die Höhlen des Todes strömt.

Dein ist der Himmel,
der im gemeinen Staub liegt,
und Du bist für mich da;
Du bist da für alle.

Quellennachweis

The Heart of God. Prayers of Rabindranath Tagore. Selected and edited by Herbert F. Vetter. Charles E. Tuttle & Co., Inc., Boston, Rutland, Vermont, Tokyo, 1997.

Nahrung für die Seele
In gleicher Ausstattung sind erschienen:

Perlen der Bhagavadgita
ISBN 3-7626-0591-2

Jennifer Louden
Das »kleine« Wohlfühlbuch für Frauen
ISBN 3-7626-0553-X

Das »kleine« Wohlfühlbuch für Paare
ISBN 3-7626-0590-4

Jiddu Krishnamurti
Glück oder die Stille des Geistes
ISBN 3-7626-0550-5

Masaharu Taniguchi
Das Gesetz des Herzens
ISBN 3-7626-0551-3

Douglas Monroe
Das Beste aus Merlyns Lehren
ISBN 3-7626-0554-8

Verlag Hermann Bauer · Freiburg im Breisgau

Nahrung für die Seele
In gleicher Ausstattung sind erschienen:

K. O. Schmidt
Schönheit des Alters
ISBN 3-7626-0578-5

Wighard Strehlow
Hildegard von Bingen – Von der Heilkraft der Seele
ISBN 3-7626-0579-3

J. E. Berendt
Höre, so wird deine Seele leben
ISBN 3-7626-0597-1

Erika J. Chopich/Margaret Paul
Entdecke dein inneres Kind
ISBN 3-7626-0552-1

Sun Tsu
Unbesiegbarkeit durch innere Meisterschaft
ISBN 3-7626-0555-6

Tom Johanson
Die Gesetze des Glücks
ISBN 3-7626-0577-7

Verlag Hermann Bauer · Freiburg im Breisgau

Nahrung für die Seele
In gleicher Ausstattung sind erschienen:

Perlen der Bhagavadgita
ISBN 3-7626-0591-2

Jennifer Louden
Das »kleine« Wohlfühlbuch für Frauen
ISBN 3-7626-0553-X

Das »kleine« Wohlfühlbuch für Paare
ISBN 3-7626-0590-4

Jiddu Krishnamurti
Glück oder die Stille des Geistes
ISBN 3-7626-0550-5

Masaharu Taniguchi
Das Gesetz des Herzens
ISBN 3-7626-0551-3

Douglas Monroe
Das Beste aus Merlyns Lehren
ISBN 3-7626-0554-8

Verlag Hermann Bauer · Freiburg im Breisgau

Nahrung für die Seele
In gleicher Ausstattung sind erschienen:

K. O. Schmidt
Schönheit des Alters
ISBN 3-7626-0578-5

Wighard Strehlow
Hildegard von Bingen – Von der Heilkraft der Seele
ISBN 3-7626-0579-3

J. E. Berendt
Höre, so wird deine Seele leben
ISBN 3-7626-0597-1

Erika J. Chopich/Margaret Paul
Entdecke dein inneres Kind
ISBN 3-7626-0552-1

Sun Tsu
Unbesiegbarkeit durch innere Meisterschaft
ISBN 3-7626-0555-6

Tom Johanson
Die Gesetze des Glücks
ISBN 3-7626-0577-7

Verlag Hermann Bauer · Freiburg im Breisgau